Mittelmeer
Diät

Der ultimative Leitfaden für die
Mittelmeerdiät mit Rezepten

Christine Willett

KONTANTENTABELLE

EINLEITUNG

Die Mittelmeerdiät ist eine Diät, die reich an pflanzlichen Lebensmitteln wie Gemüse, Obst, Nüssen, Samen, Bohnen und Hülsenfrüchten sowie Olivenöl ist. Diese Lebensmittel sind reich an Antioxidantien, das sind Verbindungen, die Ihre Zellen vor Schäden schützen können. Die mediterrane Ernährung ist außerdem reich an Ballaststoffen, einem Nährstoff, der Ihr Verdauungssystem gesund hält. Die mediterrane Ernährung reduziert nachweislich das Risiko von Herzerkrankungen, Krebs, Schlaganfall und Alzheimer. Es wurde auch gezeigt, dass sie das Risiko eines kognitiven Verfalls reduziert, die Langlebigkeit erhöht und die Stimmung und das Gedächtnis verbessert.

So wird aus der mediterranen "Diät" ein mediterraner "Lebensstil", der den Menschen in der Region sehr ähnlich ist. Griechenlands Bürger führen einen aktiven Lebensstil, indem sie sich regelmäßig in irgendeiner Form körperlich betätigen. Lesen, Segeln, Rudern, Schwimmen oder Wandern sind alles Beispiele für körperliche Aktivitäten, die mit einer ausgewogenen pflanzlichen Ernährung kombiniert werden können, um positive gesundheitliche Ergebnisse zu erzielen. Körperliche Betätigung kann in der heutigen Zeit einen Besuch im Fitnessstudio oder sogar einen einfachen Spaziergang um die Straße herum beinhalten. Es muss nicht anstrengend sein; die Hauptsache ist, dass Sie irgendeine Art von körperlicher Aktivität in Ihren Tag einbauen, damit Sie die Vorteile dieser Ernährung voll ausschöpfen können.

Bevor wir uns mit einer grundlegenden Liste dessen befassen, was Sie essen können und was nicht, ist es wichtig zu wissen, dass der Mittelmeerraum aus mehreren Nationen besteht, von denen jede ihre eigenen diätetischen Vorlieben hat. Aus dieser Vielfalt ergibt sich eine breite Palette von Rezepten, die Sie in Ihren Gerichten verwenden können, solange Sie sich an die ausgewogenen Prinzipien der Mittelmeerdiät halten. So erhalten Sie einen Überblick darüber, welche Lebensmittel Sie auf Ihre Einkaufsliste setzen sollten, und dann können Sie sich auf die Suche nach Rezepten machen! Wie sieht eine typische mediterrane Ernährung aus?

Vollkornbrot, natives Olivenöl extra, frisches Obst und Gemüse, Kräuter und Gewürze, Nüsse und Samen, Fisch und Meeresfrüchte können alle Teil Ihrer Ernährung sein. Geflügel, Käse, Eier und Joghurt sollten in Maßen konsumiert werden.

- Rotes Fleisch und Organfleisch sollten in Maßen konsumiert werden. Verarbeitete Snacks, raffinierte Öle (Raps- oder Palmöl), raffiniertes Getreide (Weißbrot), zuckerhaltige Getränke (Saft, Limonade), verarbeitetes Fleisch (Hot Dogs, Würstchen, Speck) und Transfette sollten vermieden werden.

- Es sollte Wasser und Wein getrunken werden.

FRÜHSTÜCKSREZEPTE

1. Bohnenkraut-Muffins

Zubereitungszeit: 9 Minuten

Kochzeit: 15 Minuten

Portionieren: 6

Inhaltsstoffe

- 9 Scheiben Schinken

- 1/3 c. gehackter Spinat

- ¼ c. zerbröckelter Feta-Käse

- ½ c. gehackte geröstete rote Paprika

- Salz und schwarzer Pfeffer

- 1½ Esslöffel Basilikum-Pesto

- 5 verquirlte Eier

Richtung

1. Fetten Sie ein Muffinblech ein. Verwenden Sie 1 ½ Schinkenscheiben, um jede der Muffinformen auszulegen.
2. Verteilen Sie bis auf schwarzen Pfeffer, Salz, Pesto und Eier die restlichen Zutaten auf Ihre Schinkenformen.
3. Verquirlen Sie in einer Schüssel den Pfeffer, das Salz, das Pesto und die Eier miteinander. Gießen Sie die Pfeffermischung darüber.
4. Stellen Sie den Ofen auf 400 F/204 C ein und backen Sie ihn etwa 15 Minuten lang.
5. Sofort servieren.

Ernährung 109 Kalorien 6,7 g Fett 9,3 g Eiweiß

2. Farro-Salat

Zubereitungszeit: 7 Minuten

Kochzeit: 5 Minuten

Portion: 2

Inhaltsstoff

- 1 Esslöffel Olivenöl

- Salz und schwarzer Pfeffer

- 1 Bund Babyspinat, gehackt

- 1 entsteinte Avocado, geschält und gewürfelt

- 1 gehackte Knoblauchzehe

- 2 c. gekochter Farro

- ½ c. Kirschtomaten, gewürfelt

Richtung

1. Stellen Sie die Hitze auf mittlere Stufe. Geben Sie Öl in eine Pfanne und erhitzen Sie es.
2. Geben Sie die restlichen Zutaten hinzu. Kochen Sie die Mischung für ca. 5 Minuten.
3. In Servierplatten anrichten und genießen.

Ernährung 157 Kalorien 13,7 g Fett 3,6 g Eiweiß

3. Cranberry und Datteln Quadrate

Zubereitungszeit: 9 Minuten

Kochzeit: 30 Minuten

Portionieren: 10

Inhaltsstoffe

- 12 entsteinte Datteln, gewürfelt
- 1 Teelöffel Vanilleextrakt
- ¼ c. Honig
- ½ c. Haferflocken
- ¾ c. getrocknete Cranberries
- ¼ c. geschmolzenes Mandel-Avocadoöl
- 1 c. gehackte Walnüsse, geröstet
- ¼ c. Kürbiskerne

Richtung

1. Rühren Sie in einer Schüssel alle Zutaten zusammen.
2. Legen Sie ein Pergamentpapier auf ein Backblech. Drücken Sie die Mischung auf die Einrichtung.
3. Für ca. 30 Minuten in den Gefrierschrank legen. In 10 Quadrate schneiden und genießen.

Ernährung 263 Kalorien 13,4 g Fett 3,5 g Eiweiß

4. Linsen und Cheddar Frittata

Zubereitungszeit: 4 Minuten

Zubereitungszeit: 17 Minuten

Portionieren: 4

Inhaltsstoffe

- 1 gehackte rote Zwiebel

- 2 Esslöffel Olivenöl

- 1 c. gekochte Süßkartoffeln, gewürfelt

- ¾ c. gehackter Schinken

- 4 verquirlte Eier

- ¾ c. gekochte Linsen

- 2 Esslöffel griechischer Joghurt

- Salz und schwarzer Pfeffer

- ½ c. halbierte Kirschtomaten,

- ¾ c. geriebener Cheddar-Käse

Richtung

1. Stellen Sie die Hitze auf mittlere Stufe und legen Sie eine Pfanne ein. Öl in die Pfanne geben und erhitzen. Zwiebel einrühren und ca. 2 Minuten andünsten.

2. Bis auf den Käse und die Eier die übrigen Zutaten einrühren und weitere 3 Minuten kochen.

4. Die Eier dazugeben, mit Käse bestreuen. Weitere 10 Minuten zugedeckt garen.

5. Die Frittata in Scheiben schneiden, in Servierschalen anrichten und genießen.

Ernährung 274 Kalorien 17,36g Fett 11,4g Eiweiß

5. Thunfisch-Sandwich

Zubereitungszeit: 9 Minuten

Kochzeit: 5 Minuten

Portion: 2

Inhaltsstoffe

- 6 oz. Thunfisch in Dosen, abgetropft und flockig

- 1 entsteinte Avocado, geschält und püriert

- 4 Scheiben Vollkornbrot

- Prise Salz und schwarzer Pfeffer

- 1 Esslöffel zerbröckelter Feta-Käse

- 1 c. Baby-Spinat

Richtung

1. Rühren Sie in einer Schüssel Pfeffer, Salz, Thunfisch und Käse unter, um sie zu vermischen.

2. Bestreichen Sie die Brotscheiben mit der pürierten Avocado.

3. Verteilen Sie die Thunfischmischung und den Spinat gleichmäßig auf 2 der Scheiben. Mit den restlichen 2 Scheiben belegen. Servieren.

Ernährung 283 Kalorien 11,2g Fett 4,5g Eiweiß

6. Mediterranes Pita-Frühstück

Zubereitungszeit: 22 Minuten

Kochzeit: 3 Minuten

Portionen: 2

Zutaten:

- 1/4 Tasse süßer roter Pfeffer
- 1/4 Tasse gehackte Zwiebel
- 1 Tasse Ei-Ersatz
- 1/8 Teelöffel Salz
- 1/8 Teelöffel Pfeffer
- 1 kleine gehackte Tomate
- 1/2 Tasse frischer, zerrissener Babyspinat
- 1-1/2 Teelöffel gehacktes frisches Basilikum
- 2 ganze Fladenbrote
- 2 Esslöffel zerbröckelter Feta-Käse

Wegbeschreibung:

1. Beschichten Sie eine kleine Antihaft-Pfanne mit Kochspray. Rühren Sie die Zwiebel und die rote Paprika 3 Minuten lang bei mittlerer Hitze an.

2. Fügen Sie Ihren Ei-Ersatz hinzu und würzen Sie mit Salz und Pfeffer. Unter Rühren kochen, bis es fest wird. Mischen Sie den zerrissenen Spinat, die gehackten Tomaten und das gehackte Basilikum. Auf die Pitas schaufeln. Bedecken Sie die Gemüsemischung mit Ihrer Eimischung.

3. Mit zerbröckeltem Feta-Käse bestreuen und sofort servieren.

Ernährung 267 Kalorien 3g Fett 20g Eiweiß

7. Hummus Deviled Egg

Zubereitungszeit: 10 Minuten

Kochzeit: 0 Minute

Portionen: 6

Zutaten:

- 1/4 Tasse fein gewürfelte Gurke
- 1/4 Tasse fein gewürfelte Tomate
- 2 Teelöffel frischer Zitronensaft
- 1/8 Teelöffel Salz
- 6 hartgekochte, geschälte Eier, der Länge nach in halbe Scheiben geschnitten
- 1/3 Tasse gerösteter Knoblauch-Hummus oder beliebiger Hummus-Geschmack
- Gehackte frische Petersilie (optional)

Wegbeschreibung:

1. Kombinieren Sie die Tomate, den Zitronensaft, die Gurke und das Salz miteinander und mischen Sie dann vorsichtig. Kratzen Sie das Eigelb aus den halbierten Eiern heraus und bewahren Sie es für später auf. Geben Sie einen gehäuften Teelöffel Humus in jedes halbe Ei. Mit Petersilie und einem halben Teelöffel Tomaten-Gurken-Mischung belegen. Sofort servieren

Ernährung 40 Kalorien 1g Fett 4g Eiweiß

8. Räucherlachs Rührei

Zubereitungszeit: 2 Minuten

Kochzeit: 8 Minuten

Portionen: 4

Zutaten:

- 16 Unzen Ei-Ersatz, cholesterinfrei
- 1/8 Teelöffel schwarzer Pfeffer
- 2 Esslöffel geschnittene grüne Zwiebeln, die Spitzen aufbewahren
- 1 Unze gekühlter fettreduzierter Frischkäse, in 1/4-Zoll-Würfel geschnitten
- 2 Unzen flockiger Räucherlachs

Wegbeschreibung:

1. Schneiden Sie den gekühlten Frischkäse in ¼-Zoll-Würfel und stellen Sie ihn beiseite. Verquirlen Sie den Ei-Ersatz und den Pfeffer in einer großen Schüssel. Beschichten Sie eine Antihaft-Pfanne mit Kochspray bei mittlerer Hitze. Rühren Sie den Ei-Ersatz ein und kochen Sie ihn 5 bis 7 Minuten oder bis er anfängt zu stocken, wobei Sie gelegentlich umrühren und den Boden der Pfanne abkratzen.

2. Heben Sie den Frischkäse, die Frühlingszwiebeln und den Lachs unter. Kochen Sie weiter und rühren Sie dann für weitere 3 Minuten oder gerade so lange, bis die Eier noch feucht, aber gekocht sind.

Ernährung 100 Kalorien 3g Fett 15g Eiweiß

9. Buchweizen-Apfel-Rosinen-Muffin

Zubereitungszeit: 24 Minuten

Kochzeit: 20 Minuten

Portionen: 12

Zutaten:

- 1 Tasse Allzweckmehl
- 3/4 Tasse Buchweizenmehl
- 2 Esslöffel brauner Zucker
- 1 1/2 Teelöffel Backpulver
- 1/4 Teelöffel Backpulver
- 3/4 Tasse fettreduzierte Buttermilch
- 2 Esslöffel Olivenöl
- 1 großes Ei
- 1 Tasse geschälte und entkernte, frisch gewürfelte Äpfel
- 1/4 Tasse goldene Rosinen

Wegbeschreibung:

1. Bereiten Sie den Ofen auf 375 Grad F vor. Legen Sie ein Muffinblech mit 12 Mulden mit Antihaft-Kochspray oder Papierförmchen aus. Beiseite stellen. Vermengen Sie alle trockenen Zutaten in einer Rührschüssel. Beiseite stellen.

2. Schlagen Sie die flüssigen Zutaten zusammen, bis sie glatt sind. Die Flüssigkeitsmischung über die Mehlmischung geben und mischen, bis sie feucht ist. Die gewürfelten Äpfel und Rosinen unterheben. Füllen

Sie jede Muffinform zu etwa 2/3 mit der Mischung. Backen, bis er goldbraun wird. Verwenden Sie den Zahnstochertest. Servieren.

Ernährung 117 Kalorien 1g Fett 3g Eiweiß

10. Kürbis-Kleie-Muffin

Zubereitungszeit: 20 Minuten

Kochzeit: 20 Minuten

Portionen: 22

Zutaten:

- 3/4 Tasse Allzweckmehl
- 3/4 Tasse Weizenvollkornmehl
- 2 Esslöffel Zucker
- 1 Esslöffel Backpulver
- 1/8 Teelöffel Salz
- 1 Teelöffel Kürbiskuchengewürz
- 2 Tassen 100%iges Kleie-Getreide
- 1 1/2 Tassen Magermilch
- 2 Eiweiß
- 15 Unzen x 1 Dose Kürbis
- 2 Esslöffel Avocadoöl

Wegbeschreibung:

1. Heizen Sie den Ofen auf 400 Grad Fahrenheit vor. Bereiten Sie ein Muffinblech vor, das für 22 Muffins ausreicht, und bestreichen Sie es mit einem Antihaft-Kochspray. Rühren Sie die ersten vier Zutaten zusammen, bis sie sich verbinden. Beiseite stellen.

2. Mischen Sie in einer großen Rührschüssel Milch und Getreidekleie und lassen Sie sie 2 Minuten lang stehen, oder bis die Kleie weich wird. Geben Sie das Öl, das Eiweiß und den Kürbis in die Kleie-Mischung und

verrühren Sie sie gut. Füllen Sie die Mehlmischung ein und mischen Sie gut.

3. Verteilen Sie den Teig in gleichen Portionen in die Muffinform. Backen Sie 20 Minuten lang. Die Muffins aus der Form nehmen und warm oder abgekühlt servieren.

Ernährung 70 Kalorien 3g Fett 3g Eiweiß

11. Bohnenkraut-Muffins

Zubereitungszeit: 9 Minuten

Kochzeit: 15 Minuten

Portionieren: 6

Inhaltsstoffe

- 9 Scheiben Schinken

- 1/3 c. gehackter Spinat

- ¼ c. zerbröckelter Feta-Käse

- ½ c. gehackte geröstete rote Paprika

- Salz und schwarzer Pfeffer

- 1½ Esslöffel Basilikum-Pesto

- 5 verquirlte Eier

Richtung

1. Fetten Sie ein Muffinblech ein. Verwenden Sie 1 ½ Schinkenscheiben, um jede der Muffinformen auszulegen.

2. Verteilen Sie bis auf schwarzen Pfeffer, Salz, Pesto und Eier die restlichen Zutaten auf Ihre Schinkenformen.
3. Verquirlen Sie in einer Schüssel den Pfeffer, das Salz, das Pesto und die Eier miteinander. Gießen Sie die Pfeffermischung darüber.
4. Stellen Sie den Ofen auf 400 F/204 C ein und backen Sie ihn etwa 15 Minuten lang.
5. Sofort servieren.

Ernährung 109 Kalorien 6,7 g Fett 9,3 g Eiweiß

12. Farro-Salat

Zubereitungszeit: 7 Minuten

Kochzeit: 5 Minuten

Portion: 2

Inhaltsstoff

- 1 Esslöffel Olivenöl
- Salz und schwarzer Pfeffer
- 1 Bund Babyspinat, gehackt
- 1 entsteinte Avocado, geschält und gewürfelt
- 1 gehackte Knoblauchzehe
- 2 c. gekochter Farro
- ½ c. Kirschtomaten, gewürfelt

Richtung

1. Stellen Sie die Hitze auf mittlere Stufe. Geben Sie Öl in eine Pfanne und erhitzen Sie es.
3. Geben Sie die restlichen Zutaten hinzu. Kochen Sie die Mischung für ca. 5 Minuten.
4. In Servierplatten anrichten und genießen.

Ernährung 157 Kalorien 13,7 g Fett 3,6 g Eiweiß

13. Cranberry und Datteln Quadrate

Zubereitungszeit: 9 Minuten

Kochzeit: 30 Minuten

Portionieren: 10

Inhaltsstoffe

- 12 entsteinte Datteln, gewürfelt

- 1 Teelöffel Vanilleextrakt

- ¼ c. Honig

- ½ c. Haferflocken

- ¾ c. getrocknete Cranberries

- ¼ c. geschmolzenes Mandel-Avocadoöl

- 1 c. gehackte Walnüsse, geröstet

- ¼ c. Kürbiskerne

Richtung

1. Rühren Sie in einer Schüssel alle Zutaten zusammen.

2. Legen Sie ein Pergamentpapier auf ein Backblech. Drücken Sie die Mischung auf die Einrichtung.

3. Für ca. 30 Minuten in den Gefrierschrank legen. In 10 Quadrate schneiden und genießen.

Ernährung 263 Kalorien 13,4 g Fett 3,5 g Eiweiß

14. Linsen und Cheddar Frittata

Zubereitungszeit: 4 Minuten

Zubereitungszeit: 17 Minuten

Portionieren: 4

Inhaltsstoffe

- 1 gehackte rote Zwiebel

- 2 Esslöffel Olivenöl

- 1 c. gekochte Süßkartoffeln, gewürfelt

- ¾ c. gehackter Schinken

- 4 verquirlte Eier

- ¾ c. gekochte Linsen

- 2 Esslöffel griechischer Joghurt

- Salz und schwarzer Pfeffer

- ½ c. halbierte Kirschtomaten,

- ¾ c. geriebener Cheddar-Käse

Richtung

1. Stellen Sie die Hitze auf mittlere Stufe und legen Sie eine Pfanne ein. Öl in die Pfanne geben und erhitzen. Zwiebel einrühren und ca. 2 Minuten andünsten.

2. Bis auf den Käse und die Eier die anderen Zutaten einrühren und weitere 3 Minuten kochen.

3. Die Eier dazugeben, mit Käse bestreuen. Weitere 10 Minuten zugedeckt garen.

4. Die Frittata in Scheiben schneiden, in Servierschalen anrichten und genießen.

Ernährung 274 Kalorien 17,36g Fett 11,4g Eiweiß

15. Thunfisch-Sandwich

Zubereitungszeit: 9 Minuten

Kochzeit: 5 Minuten

Portion: 2

Inhaltsstoffe

- 6 oz. Thunfisch in Dosen, abgetropft und flockig

- 1 entsteinte Avocado, geschält und püriert

- 4 Scheiben Vollkornbrot

- Prise Salz und schwarzer Pfeffer

- 1 Esslöffel zerbröckelter Feta-Käse

- 1 c. Baby-Spinat

Richtung

1. Rühren Sie in einer Schüssel Pfeffer, Salz, Thunfisch und Käse unter, um sie zu vermischen.
2. Bestreichen Sie die Brotscheiben mit der pürierten Avocado.

3. Verteilen Sie die Thunfischmischung und den Spinat gleichmäßig auf 2 der Scheiben. Mit den restlichen 2 Scheiben belegen. Servieren.

Ernährung 283 Kalorien 11,2g Fett 4,5g Eiweiß

16. Mediterranes Pita-Frühstück

Zubereitungszeit: 22 Minuten

Kochzeit: 3 Minuten

Portionen: 2

Zutaten:

- 1/4 Tasse süßer roter Pfeffer
- 1/4 Tasse gehackte Zwiebel
- 1 Tasse Ei-Ersatz
- 1/8 Teelöffel Salz
- 1/8 Teelöffel Pfeffer
- 1 kleine gehackte Tomate
- 1/2 Tasse frischer, zerrissener Babyspinat
- 1-1/2 Teelöffel gehacktes frisches Basilikum
- 2 ganze Fladenbrote
- 2 Esslöffel zerbröckelter Feta-Käse

Wegbeschreibung:

1. Beschichten Sie eine kleine Antihaft-Pfanne mit Kochspray. Rühren Sie die Zwiebel und die rote Paprika 3 Minuten lang bei mittlerer Hitze an.
2. Fügen Sie Ihren Ei-Ersatz hinzu und würzen Sie mit Salz und Pfeffer. Unter Rühren kochen, bis es fest wird. Mischen Sie den zerrissenen Spinat, die gehackten Tomaten und das gehackte Basilikum. Auf die Pitas schaufeln. Bedecken Sie die Gemüsemischung mit Ihrer Eimischung.
3. Mit zerbröckeltem Feta-Käse bestreuen und sofort servieren.

Ernährung 267 Kalorien 3g Fett 20g Eiweiß

17. Hummus Deviled Egg

Zubereitungszeit: 10 Minuten

Kochzeit: 0 Minute

Portionen: 6

Zutaten:

- 1/4 Tasse fein gewürfelte Gurke
- 1/4 Tasse fein gewürfelte Tomate
- 2 Teelöffel frischer Zitronensaft
- 1/8 Teelöffel Salz
- 6 hartgekochte, geschälte Eier, der Länge nach in halbe Scheiben geschnitten
- 1/3 Tasse gerösteter Knoblauch-Hummus oder beliebiger Hummus-Geschmack
- Gehackte frische Petersilie (optional)

Wegbeschreibung:

1. Kombinieren Sie die Tomate, den Zitronensaft, die Gurke und das Salz miteinander und mischen Sie dann vorsichtig. Kratzen Sie das Eigelb aus den halbierten Eiern heraus und bewahren Sie es für später auf. Geben Sie einen gehäuften Teelöffel Humus in jedes halbe Ei. Mit Petersilie und einem halben Teelöffel Tomaten-Gurken-Mischung belegen. Sofort servieren

Ernährung 40 Kalorien 1g Fett 4g Eiweiß

18. Räucherlachs Rührei

Zubereitungszeit: 2 Minuten

Kochzeit: 8 Minuten

Portionen: 4

Zutaten:

- 16 Unzen Ei-Ersatz, cholesterinfrei
- 1/8 Teelöffel schwarzer Pfeffer
- 2 Esslöffel geschnittene grüne Zwiebeln, die Spitzen aufbewahren
- 1 Unze gekühlter fettreduzierter Frischkäse, in 1/4-Zoll-Würfel geschnitten
- 2 Unzen flockiger Räucherlachs

Wegbeschreibung:

1. Schneiden Sie den gekühlten Frischkäse in ¼-Zoll-Würfel und stellen Sie ihn beiseite. Verquirlen Sie den Ei-Ersatz und den Pfeffer in einer großen Schüssel. Beschichten Sie eine Antihaft-Pfanne mit Kochspray bei mittlerer Hitze. Rühren Sie den Ei-Ersatz ein und kochen Sie ihn 5 bis 7 Minuten oder bis er anfängt zu stocken, wobei Sie gelegentlich umrühren und den Boden der Pfanne abkratzen.

2. Heben Sie den Frischkäse, die Frühlingszwiebeln und den Lachs unter. Kochen Sie weiter und rühren Sie dann für weitere 3 Minuten oder gerade so lange, bis die Eier noch feucht, aber gekocht sind.

Ernährung 100 Kalorien 3g Fett 15g Eiweiß

19. Buchweizen-Apfel-Rosinen-Muffin

Zubereitungszeit: 24 Minuten

Kochzeit: 20 Minuten

Portionen: 12

Zutaten:

- 1 Tasse Allzweckmehl
- 3/4 Tasse Buchweizenmehl
- 2 Esslöffel brauner Zucker
- 1 1/2 Teelöffel Backpulver
- 1/4 Teelöffel Backpulver
- 3/4 Tasse fettreduzierte Buttermilch
- 2 Esslöffel Olivenöl
- 1 großes Ei
- 1 Tasse geschälte und entkernte, frisch gewürfelte Äpfel
- 1/4 Tasse goldene Rosinen

Wegbeschreibung:

1. Bereiten Sie den Ofen auf 375 Grad F vor. Legen Sie ein Muffinblech mit 12 Mulden mit Antihaft-Kochspray oder Papierförmchen aus. Beiseite stellen. Vermengen Sie alle trockenen Zutaten in einer Rührschüssel. Beiseite stellen.

2. Schlagen Sie die flüssigen Zutaten zusammen, bis sie glatt sind. Die Flüssigkeitsmischung über die Mehlmischung geben und mischen, bis sie feucht ist. Die gewürfelten Äpfel und Rosinen unterheben. Füllen

Sie jede Muffinform zu etwa 2/3 mit der Mischung. Backen, bis er goldbraun wird. Verwenden Sie den Zahnstochertest. Servieren.

Ernährung 117 Kalorien 1g Fett 3g Eiweiß

20. Kürbis-Kleie-Muffin

Zubereitungszeit: 20 Minuten

Kochzeit: 20 Minuten

Portionen: 22

Zutaten:

- 3/4 Tasse Allzweckmehl
- 3/4 Tasse Weizenvollkornmehl
- 2 Esslöffel Zucker
- 1 Esslöffel Backpulver
- 1/8 Teelöffel Salz
- 1 Teelöffel Kürbiskuchengewürz
- 2 Tassen 100%iges Kleie-Getreide
- 1 1/2 Tassen Magermilch
- 2 Eiweiß
- 15 Unzen x 1 Dose Kürbis
- 2 Esslöffel Avocadoöl

Wegbeschreibung:

1. Heizen Sie den Ofen auf 400 Grad Fahrenheit vor. Bereiten Sie ein Muffinblech vor, das für 22 Muffins ausreicht, und bestreichen Sie es mit einem Antihaft-Kochspray. Rühren Sie die ersten vier Zutaten zusammen, bis sie sich verbinden. Beiseite stellen.

2. Mischen Sie in einer großen Rührschüssel Milch und Getreidekleie und lassen Sie sie 2 Minuten lang stehen, oder bis die Kleie weich wird. Geben Sie das Öl, das Eiweiß und den Kürbis in die Kleie-Mischung und

verrühren Sie sie gut. Füllen Sie die Mehlmischung ein und mischen Sie gut.

3. Verteilen Sie den Teig in gleichen Portionen in die Muffinform. Backen Sie 20 Minuten lang. Die Muffins aus der Form nehmen und warm oder abgekühlt servieren.

Ernährung 70 Kalorien 3g Fett 3g Eiweiß

21. Perfekte Pizza

Zubereitungszeit: 35 Minuten

Kochzeit: 15 Minuten

Portionen: 10

Zutaten:

Für den Pizzateig:

- 2 Teelöffel Honig
- 1/4-oz. aktive Trockenhefe
- 11/4 Tassen warmes Wasser (ca. 120 °F)
- 2 Esslöffel Olivenöl
- 1 Teelöffel Meersalz
- 3 Tassen Vollkornmehl + 1/4 Tasse, je nach Bedarf zum Rollen

Für den Pizzabelag:

- 1 Tasse Pesto-Sauce
- 1 Tasse Artischockenherzen
- 1 Tasse verwelkter Blattspinat
- 1 Tasse sonnengetrocknete Tomate
- 1/2-Tasse Kalamata-Oliven
- 4 oz. Fetakäse
- 4 Unzen gemischter Käse aus gleichen Teilen fettarmer Mozzarella, Asiago und Provolone Olivenöl

Optionale Topping-Zusätze:

- Paprika
- Hähnchenbrust, Streifen Frisches Basilikum
- Pinienkerne

Wegbeschreibung:

Für den Pizzateig:

1. Heizen Sie Ihren Ofen auf 350 °F vor.
2. Verrühren Sie den Honig und die Hefe mit dem warmen Wasser in Ihrer Küchenmaschine mit einem Teigaufsatz. Verrühren Sie die Mischung, bis sie vollständig vermischt ist. Lassen Sie die Mischung 5 Minuten lang ruhen, um die Aktivität der Hefe durch das Auftreten von Blasen an der Oberfläche sicherzustellen.
3. Gießen Sie das Olivenöl hinein. Das Salz hinzufügen und eine halbe Minute lang mixen. Fügen Sie nach und nach 3 Tassen Mehl hinzu, etwa eine halbe Tasse auf einmal, und mischen Sie zwischen jeder Zugabe ein paar Minuten lang.
4. Lassen Sie Ihre Küchenmaschine den Teig 10 Minuten lang kneten, bis er glatt und elastisch ist, und bestreuen Sie ihn bei Bedarf mit Mehl, damit der Teig nicht an den Oberflächen der Schüssel der Küchenmaschine klebt.
5. Nehmen Sie den Teig aus der Schüssel. Lassen Sie ihn 15 Minuten lang mit einem feuchten, warmen Handtuch zugedeckt stehen.

6. Rollen Sie den Teig einen halben Zentimeter dick aus und bestäuben Sie ihn nach Bedarf mit Mehl. Stechen Sie mit einer Gabel wahllos Löcher in den Teig, damit die Kruste nicht blubbert.

7. Legen Sie den gelochten, ausgerollten Teig auf einen Pizzastein oder ein Backblech. Backen Sie für 5 Minuten.

Für den Pizzabelag:

8. Den gebackenen Pizzaboden leicht mit Olivenöl bestreichen.

9. Gießen Sie die Pestosauce darüber und verteilen Sie sie gründlich auf der Oberfläche des Pizzabodens, lassen Sie dabei einen halben Zentimeter Platz um den Rand als Kruste aus.

10. Belegen Sie die Pizza mit Artischockenherzen, verwelktem Blattspinat, sonnengetrockneten Tomaten und Oliven. (Belegen Sie die Pizza nach Belieben mit weiteren Zutaten.) Bedecken Sie die Pizza mit dem Käse.

11. Legen Sie die Pizza direkt auf den Ofenrost. 10 Minuten backen, bis der Käse von der Mitte bis zum Ende blubbert und schmilzt. Lassen Sie die Pizza vor dem Schneiden 5 Minuten abkühlen.

Ernährung 242,8 Kalorien 15,1g Fette 15,7g Kohlenhydrate 14,1g Eiweiß

22. **Margherita Modell**

Zubereitungszeit: 15 Minuten

Kochzeit: 15 Minuten

Portionieren: 10

Zutaten:

- 1-Batch-Pizzaboden
- 2 Esslöffel Olivenöl
- 1/2 Tasse zerdrückte Tomaten
- 3-Roma-Tomaten, in 1/4-Zoll dicke Scheiben geschnitten
- 1/2 Tasse frische Basilikumblätter, in dünne Scheiben geschnitten
- 6-oz. Block Mozzarella, in 1/4-Zoll-Scheiben geschnitten, mit einem Papiertuch trocken tupfen
- 1/2 Teelöffel Meersalz

Wegbeschreibung:

1. Heizen Sie Ihren Ofen auf 450 °F vor.
2. Bestreichen Sie den Pizzaboden leicht mit Olivenöl. Verteilen Sie die zerdrückten Tomaten gründlich auf dem Pizzaboden, lassen Sie dabei einen halben Zentimeter Platz um den Rand als Kruste.
3. Belegen Sie die Pizza mit den Roma-Tomatenscheiben, den Basilikumblättern und den Mozzarellascheiben. Streuen Sie Salz über die Pizza.

4. Übertragen Sie die Pizza direkt auf den Ofenrost. Backen, bis der Käse von der Mitte bis zur Kruste schmilzt. Vor dem Schneiden beiseite stellen.

Nährwert 251 Kalorien 8g Fette 34g Kohlenhydrate 9g Eiweiß

23. Tragbares Picknick

Zubereitungszeit: 5 Minuten

Kochzeit: 0 Minute

Portion: 1

Zutaten:

- 1-Scheibe Vollkornbrot, in mundgerechte Stücke geschnitten
- 10-Stück Kirschtomaten
- 1/4 oz. gereifter Käse, in Scheiben geschnitten
- 6 Stück in Öl eingelegte Oliven

Wegbeschreibung:

1. Packen Sie jede der Zutaten in einen tragbaren Behälter, um sie unterwegs zu naschen.

Ernährung 197 Kalorien 9g Fett 22g Kohlenhydrate 7g Eiweiß

24. Gefüllte-Frittata

Zubereitungszeit: 10 Minuten

Kochzeit: 15 Minuten

Portionieren: 4

Zutaten:

- 8-tlg. Eier
- 1/4 Teelöffel roter Pfeffer, zerstoßen
- 1/4 Teelöffel Salz
- 1 Esslöffel Olivenöl
- 1 Stk. kleine Zucchini, der Länge nach in dünne Scheiben geschnitten
- 1/2-Tasse rote oder gelbe Kirschtomaten, halbiert
- 1/3 -Tasse Walnüsse, grob gehackt
- 2 oz. mundgerechte frische Mozzarella-Kugeln (Bocconcini)

Wegbeschreibung:

1. Heizen Sie den Broiler vor. Verquirlen Sie in der Zwischenzeit die Eier, den zerstoßenen roten Pfeffer und das Salz in einer mittelgroßen Schüssel. Beiseite stellen.
2. Erhitzen Sie das Olivenöl in einer 10-Zoll-Bratpfanne bei mittlerer bis hoher Hitze. Verteilen Sie die Zucchinischeiben in einer gleichmäßigen Schicht auf dem Boden der Pfanne. Braten Sie die Zucchini 3 Minuten lang und wenden Sie sie nach der Hälfte der Zeit einmal.

3. Die Zucchinischicht mit Kirschtomaten belegen. Die Eimischung über das Gemüse in der Pfanne füllen. Mit Walnüssen und Mozzarellakugeln belegen.

4. Schalten Sie auf mittlere Hitze. Garen, bis die Seiten zu stocken beginnen. Heben Sie die Frittata mit einem Spatel an, damit die ungekochten Teile der Eimischung darunter fließen können.

5. Stellen Sie die Pfanne auf den Broiler. Braten Sie die Frittata 5 Minuten lang in einem Abstand von 5 cm zur Hitze, bis die Oberseite fest ist. Schneiden Sie die Frittata zum Servieren in Keile.

Nährwert 284 Kalorien 14g Fette 4g Kohlenhydrate 17g Eiweiß

25. Griechisches Fladenbrot

Zubereitungszeit: 5 Minuten

Kochzeit: 10 Minuten

Portionen: 4

Zutaten:

- 2 Vollkorn-Pitas
- 2 Esslöffel Olivenöl, geteilt
- 2 Knoblauchzehen, gehackt
- ¼ Teelöffel Salz
- ½ Tasse Artischockenherzen aus der Dose, in Scheiben geschnitten
- ¼ Tasse Kalamata-Oliven
- ¼ Tasse geriebener Parmesan
- ¼ Tasse zerbröckelter Feta
- Gehackte frische Petersilie, zum Garnieren (optional)

Wegbeschreibung:

1. Heizen Sie die Heißluftfritteuse auf 380°F vor. Bestreichen Sie jede Pita mit 1 Esslöffel Olivenöl und bestreuen Sie sie dann mit dem gehackten Knoblauch und Salz.

2. Verteilen Sie die Artischockenherzen, die Oliven und den Käse gleichmäßig auf die beiden Pitas und legen Sie beide zum Backen für 10 Minuten in die Fritteuse. Nehmen Sie die Pitas heraus und schneiden Sie sie vor

dem Servieren in je 4 Stücke. Nach Belieben Petersilie darüber streuen.

Ernährung 243 Kalorien 15g Fett 10g Kohlenhydrate 7g Eiweiß

26. Vermicelli-Reis

Zubereitungszeit: 5 Minuten

Kochzeit: 45 Minuten

Portionen: 6

Zutaten:

- 2 Tassen Kurzkornreis
- 3½ Tassen Wasser, plus mehr zum Spülen und Einweichen des Reises
- ¼ Tasse Olivenöl
- 1 Tasse gebrochene Fadennudeln
- Salz

Wegbeschreibung:

1. Weichen Sie den Reis unter kaltem Wasser ein, bis das Wasser sauber abläuft. Reis in eine Schüssel geben, mit Wasser bedecken und 10 Minuten quellen lassen. Abseihen und beiseite stellen. Bringen Sie das Olivenöl in einem mittleren Topf bei mittlerer Hitze zum Kochen.
2. Die Fadennudeln einrühren und 3 Minuten lang kochen.
3. Den Reis hineingeben und 1 Minute lang unter Rühren kochen, damit der Reis gut mit dem Öl überzogen ist. Mischen Sie das Wasser und eine Prise Salz ein und bringen Sie die Flüssigkeit zum Kochen. Hitze regulieren und 20 Minuten köcheln lassen. Vom Herd nehmen und 10 Minuten ruhen lassen. Mit einer Gabel auflockern und servieren.

Ernährung 346 Kalorien 9g Gesamtfett 60g Kohlenhydrate 2g Eiweiß

27. Fava-Bohnen mit Basmati-Reis

Zubereitungszeit: 10 Minuten

Zubereitungszeit: 35 Minuten

Portionen: 4

Zutaten:

- ¼ Tasse Olivenöl
- 4 Tassen frische Favabohnen, geschält
- 4½ Tassen Wasser, plus mehr zum Beträufeln
- 2 Tassen Basmati-Reis
- 1/8 Teelöffel Salz
- 1/8 Teelöffel frisch gemahlener schwarzer Pfeffer
- 2 Esslöffel Pinienkerne, geröstet
- ½ Tasse gehackter frischer Knoblauch-Schnittlauch, oder frischer Zwiebel-Schnittlauch

Wegbeschreibung:

1. Füllen Sie die Saucenpfanne mit Olivenöl und erhitzen Sie sie bei mittlerer Hitze. Geben Sie die Favabohnen hinzu und beträufeln Sie sie mit etwas Wasser, um ein Anbrennen oder Festkleben zu vermeiden. Kochen Sie 10 Minuten lang.

2. Rühren Sie den Reis behutsam ein. Fügen Sie das Wasser, Salz und Pfeffer hinzu. Stellen Sie die Hitze ein und bringen Sie die Mischung zum Kochen. Stellen Sie die Hitze ein und lassen Sie sie 15 Minuten lang köcheln.

3. Vom Herd nehmen und vor dem Servieren 10 Minuten ruhen lassen. Auf eine Servierplatte löffeln und mit den gerösteten Pinienkernen und dem Schnittlauch bestreuen.

Ernährung 587 Kalorien 17g Gesamtfett 97g Kohlenhydrate 2g Eiweiß

28. Gebutterte Fava-Bohnen

Zubereitungszeit: 30 Minuten

Kochzeit: 15 Minuten

Portionen: 4

Zutaten:

- ½ Tasse Gemüsebrühe
- 4 Pfund Favabohnen, geschält
- ¼ Tasse frischer Estragon, geteilt
- 1 Teelöffel gehackter frischer Thymian
- ¼ Teelöffel frisch gemahlener schwarzer Pfeffer
- 1/8 Teelöffel Salz
- 2 Esslöffel Butter
- 1 Knoblauchzehe, gehackt
- 2 Esslöffel gehackte frische Petersilie

Wegbeschreibung:

1. Kochen Sie die Gemüsebrühe in einem flachen Topf bei mittlerer Hitze. Die Favabohnen, 2 Esslöffel Estragon, den Thymian, Pfeffer und Salz hinzufügen. Kochen, bis die Brühe fast aufgesogen ist und die Bohnen weich sind.

2. Rühren Sie die Butter, den Knoblauch und die restlichen 2 Esslöffel Estragon ein. 2 bis 3 Minuten kochen lassen. Mit der Petersilie bestreuen und heiß servieren.

Ernährung 458 Kalorien 9g Fett 81g Kohlenhydrate 37g Eiweiß

GEMÜSE UND BEILAGEN

29. Moussaka

Zubereitungszeit: 55 Minuten

Kochzeit: 40 Minuten

Portionieren: 6

Zutaten:

- 2 große Auberginen
- 2 Teelöffel Salz, geteilt
- ¼ Tasse kaltgepresstes Olivenöl
- 2 große Zwiebeln, in Scheiben geschnitten
- 10 Knoblauchzehen, in Scheiben geschnitten
- 2 (15-Unzen-) Dosen gewürfelte Tomaten
- 1 (16-oz) Dose Kichererbsen
- 1 Teelöffel getrockneter Oregano
- ½ Teelöffel frisch gemahlener schwarzer Pfeffer

Richtung:

1. Schneiden Sie die Aubergine waagerecht in ¼-Zoll-dicke runde Scheiben. Bestreuen Sie die Auberginenscheiben mit 1 Teelöffel Salz und legen Sie sie 30 Minuten lang in ein Sieb.

2. Heizen Sie den Ofen auf 450°F vor. Tupfen Sie die Auberginenscheiben mit einem Papiertuch trocken und besprühen Sie jede Seite mit einem Olivenölspray oder bepinseln Sie jede Seite leicht mit Olivenöl.

3. Auberginen in einer einzigen Schicht auf ein Backblech legen. In den Ofen schieben und 10 Minuten lang backen. Dann mit einem Spatel die Scheiben umdrehen und weitere 10 Minuten backen.

4. Geben Sie das Olivenöl, die Zwiebeln, den Knoblauch und den restlichen 1 Teelöffel Salz in eine große Pfanne. 4 Minuten lang kochen. Fügen Sie die Tomaten, Kichererbsen, Oregano und schwarzen Pfeffer hinzu. 11 Minuten lang köcheln lassen, dabei gelegentlich umrühren.

5. Verwenden Sie eine tiefe Auflaufform und schichten Sie zuerst die Aubergine, dann die Sauce. Wiederholen Sie den Vorgang, bis alle Zutaten verwendet wurden. Im Ofen 20 Minuten lang backen.

6. Aus dem Ofen nehmen und warm servieren.

Ernährung: 262 Kalorien 8g Protein 11g Fett

30. Mit Gemüse gefüllte Weinblätter

Zubereitungszeit: 50 Minuten

Kochzeit: 45 Minuten

Portionieren: 8

Zutaten:

- 2 Tassen weißer Reis

- 2 große Tomaten

- 1 große Zwiebel

- 1 grüne Zwiebel

- 1 Tasse frische italienische Petersilie

- 3 Knoblauchzehen, gehackt

- 2½ Teelöffel Salz

- ½ Teelöffel schwarzer Pfeffer

- 1 (16-Unzen) Glas Weintraubenblätter

- 1 Tasse Zitronensaft

- ½ Tasse extra-natives Olivenöl

- 4 bis 6 Tassen Wasser

Richtung:

1. Mischen Sie Reis, Tomaten, Zwiebel, grüne Zwiebel, Petersilie, Knoblauch, Salz und schwarzen Pfeffer.

2. Lassen Sie die Traubenblätter abtropfen und spülen Sie sie ab.

3. Bereiten Sie einen großen Topf vor, indem Sie eine Schicht Traubenblätter auf den Boden legen. Legen Sie jedes Blatt flach und schneiden Sie alle Stiele ab.

4. Geben Sie 2 Esslöffel der Reismischung an die Basis jedes Blattes. Falten Sie die Seiten um, und rollen Sie sie dann so fest wie möglich zusammen. Legen Sie die gerollten Traubenblätter in den Topf und reihen Sie jedes gerollte Traubenblatt aneinander. Fahren Sie fort, die gerollten Traubenblätter einzuschichten.

5. Gießen Sie den Zitronensaft und das Olivenöl vorsichtig über die Traubenblätter und fügen Sie so viel Wasser hinzu, dass die Traubenblätter gerade mit einem Zentimeter bedeckt sind.

6. Legen Sie einen schweren Teller, der kleiner als die Öffnung des Topfes ist, kopfüber über die Weinblätter. Decken Sie den Topf ab und kochen Sie die Blätter bei mittlerer bis niedriger Hitze 45 Minuten lang. Lassen Sie sie vor dem Servieren 20 Minuten lang stehen.

7. Warm oder kalt servieren.

Ernährung: 532 Kalorien 12g Eiweiß 21g Fett

31. Gegrillte Auberginenröllchen

Zubereitungszeit: 30 Minuten

Kochzeit: 10 Minuten

Portionieren: 6

Zutaten:

- 2 große Auberginen
- 1 Teelöffel Salz
- 4 Unzen Ziegenkäse
- 1 Tasse Ricotta
- ¼ Tasse frisches Basilikum, fein gehackt
- ½ Teelöffel schwarzer Pfeffer

Richtung

1. Schneiden Sie die Oberseiten der Auberginen ab und schneiden Sie die Auberginen der Länge nach in ¼-Zoll-dicke Scheiben. Bestreuen Sie die Scheiben mit dem Salz und legen Sie die Auberginen für 15 bis 20 Minuten in ein Sieb.

2. Vermengen Sie in einer großen Schüssel den Ziegenkäse, Ricotta, Basilikum und Pfeffer.

3. Heizen Sie einen Grill, eine Grillpfanne oder eine leicht geölte Bratpfanne auf mittlerer Hitze vor. Trocknen Sie die Auberginenscheiben mit Küchenpapier ab und besprühen Sie sie leicht mit Olivenölspray. Legen Sie

die Auberginen auf den Grill, die Grillpfanne oder die Pfanne und garen Sie sie 3 Minuten auf jeder Seite.

4. Nehmen Sie die Aubergine vom Herd und lassen Sie sie 5 Minuten abkühlen.

5. Zum Rollen eine Auberginenscheibe flach hinlegen, einen Esslöffel der Käsemischung auf den Boden der Scheibe geben und aufrollen. Sofort servieren oder bis zum Servieren kühl stellen.

Ernährung: 255 Kalorien 15g Protein 15g Fett

32. Knusprige Zucchini-Beignets

Zubereitungszeit: 15 Minuten

Kochzeit: 20 Minuten

Portionieren: 6

Zutaten:

- 2 große grüne Zucchinis

- 2 Esslöffel italienische Petersilie

- 3 Knoblauchzehen, gehackt

- 1 Teelöffel Salz

- 1 Tasse Mehl

- 1 großes Ei, verquirlt

- ½ Tasse Wasser

- 1 Teelöffel Backpulver

- 3 Tassen Pflanzen- oder Avocadoöl

Richtung

1. Raspeln Sie die Zucchini in eine große Schüssel.

2. Geben Sie die Petersilie, den Knoblauch, das Salz, das Mehl, das Ei, das Wasser und das Backpulver in die Schüssel und verrühren Sie sie.

3. Erhitzen Sie in einem großen Topf oder einer Fritteuse bei mittlerer Hitze das Öl auf 365°F.

4. Geben Sie den Frittierteig löffelweise in das heiße Öl. Drehen Sie die Frittaten mit einem Schaumlöffel um und frittieren Sie sie, bis sie goldbraun sind, etwa 2 bis 3 Minuten.

5. Die Krapfen aus dem Öl nehmen und auf einem mit Papiertüchern ausgelegten Teller abtropfen lassen.

6. Warm mit cremigem Tzatziki-Dip servieren.

Ernährung: 446 Kalorien 5g Eiweiß 38g Fett

33. Käsiger Spinatkuchen

Zubereitungszeit: 20 Minuten

Kochzeit: 40 Minuten

Portion: 6 bis 8

Zutaten:

- 2 Esslöffel kaltgepresstes Olivenöl

- 1 große Zwiebel, gehackt

- 2 Knoblauchzehen, gehackt

- 3 Beutel (1 Pfund) Babyspinat, gewaschen

- 1 Tasse Feta-Käse

- 1 großes Ei, verquirlt

- Blätterteigplatten

Richtung:

1. Heizen Sie den Ofen auf 375°F vor.

2. Braten Sie in einer großen Pfanne bei mittlerer Hitze das Olivenöl, die Zwiebel und den Knoblauch 3 Minuten lang.

3. Geben Sie den Spinat beutelförmig in die Pfanne und lassen Sie ihn zwischen den einzelnen Beuteln welken. Mit einer Zange schwenken. 4 Minuten kochen. Sobald er gar ist, gießen Sie überschüssige Flüssigkeit aus der Pfanne.

4. Kombinieren Sie in einer großen Schüssel den Feta-Käse, das Ei und den gekochten Spinat.

5. Legen Sie den Blätterteig flach auf eine Arbeitsfläche. Schneiden Sie den Teig in 3-Zoll-Quadrate.

6. Geben Sie einen Esslöffel der Spinatmischung in die Mitte eines Blätterteigquadrats. Falten Sie eine Ecke des Quadrats zur diagonalen Ecke um, sodass ein Dreieck entsteht. Kräuseln Sie die Kanten des Kuchens, indem Sie mit den Zinken einer Gabel nach unten drücken, um sie zu verschließen. Wiederholen Sie den Vorgang, bis alle Quadrate gefüllt sind.

7. Legen Sie die Pasteten auf ein mit Pergament ausgelegtes Backblech und backen Sie sie 25 bis 30 Minuten oder bis sie goldbraun sind. Warm oder bei Zimmertemperatur servieren.

Ernährung: 503 Kalorien 16g Eiweiß 32g Fett

34. Blumenkohlsteaks mit Oliven-Zitrus-Sauce

Zubereitungszeit: 15 Minuten

Kochzeit: 30 Minuten

Portionieren: 4

Zutaten:

- 2 große Köpfe Blumenkohl/Karfiol
- 1/3 Tasse kaltgepresstes Olivenöl
- ¼ Teelöffel koscheres Salz
- 1/8 Teelöffel schwarzer Pfeffer
- Saft von 1 Orange
- Schale von 1 Orange
- ¼ Tasse schwarze Oliven
- 1 Esslöffel Dijon-Senf
- 1 Esslöffel Rotweinessig
- ½ Teelöffel gemahlener Koriander

Richtung

1. Heizen Sie den Ofen auf 400°F vor. Bereiten Sie ein Backblech mit Pergamentpapier oder Folie vor.

2. Schneiden Sie den Strunk des Blumenkohls ab, damit er aufrecht sitzt. Schneiden Sie ihn senkrecht in vier dicke Scheiben. Legen Sie den Blumenkohl auf das

vorbereitete Backblech. Mit Olivenöl, Salz und schwarzem Pfeffer beträufeln. 31 Minuten backen, dabei einmal wenden.

3. Vermengen Sie in einer mittelgroßen Schüssel den Orangensaft, die Orangenschale, die Oliven, den Senf, den Essig und den Koriander; mischen Sie gut.

4. Bei Zimmertemperatur mit der Sauce servieren.

Ernährung: 265 Kalorien 21g Fett 5g Eiweiß

35. Pistazien-Minze-Pesto-Nudeln

Zubereitungszeit: 10 Minuten

Kochzeit: 10 Minuten

Portionieren: 4

Zutaten:

- 8 Unzen Vollkornnudeln
- 1 Tasse frische Minze
- ½ Tasse frisches Basilikum
- 1/3 Tasse ungesalzene Pistazien, geschält
- 1 Knoblauchzehe, geschält
- ½ Teelöffel koscheres Salz
- Saft von ½ Limette
- 1/3 Tasse kaltgepresstes Olivenöl

Richtung:

1. Kochen Sie die Nudeln nach den Anweisungen auf der Verpackung. Gießen Sie die Nudeln ab, behalten Sie ½ Tasse des Nudelwassers zurück und stellen Sie es beiseite.

2. Geben Sie die Minze, das Basilikum, die Pistazien, den Knoblauch, das Salz und den Limettensaft in eine Küchenmaschine. Verarbeiten Sie sie, bis die Pistazien grob gemahlen sind. Fügen Sie das Olivenöl in einem

langsamen, stetigen Strom hinzu und verarbeiten Sie es, bis es eingearbeitet ist.

3. Mischen Sie die Nudeln in einer großen Schüssel mit dem Pistazienpesto; schwenken Sie sie gut, um sie einzuarbeiten. Wenn eine dünnere, sämigere Konsistenz gewünscht wird, fügen Sie etwas von dem reservierten Nudelwasser hinzu und schwenken Sie es gut.

Ernährung: 420 Kalorien 3g Fett 11g Eiweiß

36. Burst-Kirsch-Tomaten-Sauce mit Engelshaar-Pasta

Zubereitungszeit: 10 Minuten

Kochzeit: 20 Minuten

Portionieren: 4

Zutaten:

- 8 Unzen Engelshaar-Nudeln

- 2 Esslöffel kaltgepresstes Olivenöl

- 3 Knoblauchzehen, gehackt

- 3 Esslöffel Kirschtomaten

- ½ Teelöffel koscheres Salz

- ¼ Teelöffel rote Paprikaflocken

- ¾ Tasse frisches Basilikum, gehackt

- 1 Esslöffel weißer Balsamico-Essig (optional)

- ¼ Tasse geriebener Parmesankäse (optional)

Richtung:

1. Kochen Sie die Nudeln nach der Packungsanleitung. Abgießen und beiseite stellen.

2. Erhitzen Sie das Olivenöl in einer Pfanne oder großen Sautierpfanne bei mittlerer bis hoher Hitze. Knoblauch einrühren und 30 Sekunden lang anbraten. Tomaten, Salz und rote Paprikaflocken einrühren und unter

gelegentlichem Rühren kochen, bis die Tomaten aufplatzen, etwa 15 Minuten.

3. Vom Herd nehmen und die Nudeln und das Basilikum untermischen. Gut durchmischen. (Bei Tomaten außerhalb der Saison, fügen Sie den Essig hinzu, falls gewünscht, und mischen Sie gut).

4. Mit dem geriebenen Parmesan servieren, falls gewünscht.

Ernährung: 305 Kalorien 8g Fett 11g Eiweiß

37. Gebackener Tofu mit sonnengetrockneten Tomaten und Artischocken

Zubereitungszeit: 30 Minuten

Kochzeit: 30 Minuten

Portionieren: 4

Zutaten:

- 1 (16-Unzen) Paket extra-fester Tofu

- 2 Esslöffel kaltgepresstes Olivenöl, geteilt

- 2 Esslöffel Zitronensaft, geteilt

- 1 Esslöffel natriumarme Sojasauce

- 1 Zwiebel, gewürfelt

- ½ Teelöffel koscheres Salz

- 2 Knoblauchzehen, gehackt

- 1 (14-Unzen) Dose Artischockenherzen, abgetropft

- 8 in Öl verpackte, sonnengetrocknete Tomatenhälften

- ¼ Teelöffel frisch gemahlener schwarzer Pfeffer

- 1 Esslöffel Weißweinessig

- Schale von 1 Zitrone

- ¼ Tasse frische Petersilie, gehackt

Richtung:

1. Heizen Sie den Ofen auf 400°F vor. Bereiten Sie ein Backblech mit Folie oder Pergamentpapier vor.

2. Mischen Sie Tofu, 1 Esslöffel Olivenöl, 1 Esslöffel Zitronensaft und Sojasauce. Lassen Sie den Tofu 15 bis 30 Minuten lang marinieren. Verteilen Sie den Tofu in einer einzigen Schicht auf dem vorbereiteten Backblech und backen Sie ihn 20 Minuten lang, einmal wenden, bis er leicht goldbraun ist.

3. Restlichen 1 Esslöffel Olivenöl in einer Sauteuse bei mittlerer Hitze erhitzen. Zwiebel und Salz 6 Minuten lang braten. Knoblauch einrühren und 30 Sekunden lang sautieren. Artischockenherzen, sonnengetrocknete Tomaten und schwarzen Pfeffer hinzufügen und 5 Minuten lang anbraten. Den Weißweinessig und den restlichen 1 Esslöffel Zitronensaft hinzufügen und die Pfanne ablöschen, dabei alle braunen Stücke herauskratzen. Nehmen Sie die Pfanne vom Herd und rühren Sie die Zitronenschale und die Petersilie ein. Den gebackenen Tofu vorsichtig untermischen.

Ernährung: 230 Kalorien 14g Fett 14g Eiweiß

38. Gebackenes mediterranes Tempeh mit Tomaten und Knoblauch

Zubereitungszeit: 25 Minuten

Zubereitungszeit: 35 Minuten

Portionieren: 4

Inhaltsstoff:

Für Tempeh

- 12 Unzen Tempeh

- ¼ Tasse Weißwein

- 2 Esslöffel kaltgepresstes Olivenöl

- 2 Esslöffel Zitronensaft

- Schale von 1 Zitrone

- ¼ Teelöffel koscheres Salz

- ¼ Teelöffel frisch gemahlener schwarzer Pfeffer

Für die Tomaten-Knoblauch-Sauce

- 1 Esslöffel kaltgepresstes Olivenöl

- 1 Zwiebel, gewürfelt

- 3 Knoblauchzehen, gehackt

- 1 (14,5 Unzen) Dose zerstoßene Tomaten ohne Salzzusatz

- 1 Beefsteak-Tomate, gewürfelt

- 1 getrocknetes Lorbeerblatt

- 1 Teelöffel Weißweinessig

- 1 Teelöffel Zitronensaft

- 1 Teelöffel getrockneter Oregano

- 1 Teelöffel getrockneter Thymian

- ¾ Teelöffel koscheres Salz

- ¼ Tasse Basilikum, in Bändchen geschnitten

Richtung:

Für Tempeh

1. Geben Sie das Tempeh in einen mittelgroßen Topf und fügen Sie so viel Wasser hinzu, dass es 1 bis 2 Zoll bedeckt ist. Bringen Sie es bei mittlerer bis hoher Hitze zum Kochen, decken Sie es ab und lassen Sie es köcheln. 10 bis 15 Minuten kochen. Nehmen Sie den Tempeh heraus, tupfen Sie ihn trocken, kühlen Sie ihn ab und schneiden Sie ihn in 1-Zoll-Würfel.

2. Weißwein, Olivenöl, Zitronensaft, Zitronenschale, Salz und schwarzen Pfeffer einrühren. Fügen Sie das Tempeh hinzu, decken Sie die Schüssel ab und stellen Sie sie für 4 Stunden oder bis zu über Nacht in den Kühlschrank.

3. Heizen Sie den Ofen auf 375°F vor. Geben Sie das marinierte Tempeh und die Marinade in eine Auflaufform und garen Sie es 15 Minuten lang.

Für die Tomaten-Knoblauch-Sauce

4. Olivenöl in einer großen Pfanne bei mittlerer Hitze erhitzen. Zwiebel einrühren und anbraten, bis sie glasig ist, 3 bis 5 Minuten. Knoblauch einrühren und 30 Sekunden lang anbraten. Zerdrückte Tomaten, Beefsteak-Tomaten, Lorbeerblatt, Essig, Zitronensaft, Oregano, Thymian und Salz hinzufügen. Gut mischen. 15 Minuten köcheln lassen.

5. Geben Sie den gebackenen Tempeh zur Tomatenmischung und vermengen Sie ihn vorsichtig. Mit dem Basilikum garnieren.

Ernährung: 330 Kalorien 20g Fett 18g Eiweiß

SUPPE UND EINTOPF REZEPTE

39. Kürbis-Kurkuma-Suppe

Zubereitungszeit: 10 Minuten

Kochzeit: 30 Minuten

Portionen: 4

Zutaten:

- 4 Tassen natriumarme Gemüsebrühe
- 2 mittlere Zucchini-Kürbisse
- 2 mittelgroße gelbe Crookneck-Kürbisse
- 1 kleine Zwiebel
- 1/2 Tasse gefrorene grüne Erbsen
- 2 Esslöffel Olivenöl
- 1/2 Tasse fettarmer griechischer Joghurt
- 2 Teelöffel Kurkuma

Wegbeschreibung:

1. Erhitzen Sie die Brühe in einem Kochtopf bei mittlerer Hitze. Geben Sie Zwiebel, Kürbis und Zucchini hinein. Etwa 25 Minuten köcheln lassen, dann Öl und grüne Erbsen hinzufügen.

2. Kochen Sie weitere 5 Minuten und lassen Sie sie dann abkühlen. Pürieren Sie die Suppe mit einem Stabmixer und fügen Sie dann griechischen Joghurt und Kurkuma hinzu. Stellen Sie sie über Nacht in den Kühlschrank und servieren Sie sie frisch.

Ernährung: 100 Kalorien 4g Eiweiß 10g Fett

40. **Lauch-Kartoffel-Karotten-Suppe**

Zubereitungszeit: 15 Minuten

Kochzeit: 25 Minuten

Portionen: 4

Zutaten:

- 1 - Lauch

- ¾ - Tasse gewürfelte und gekochte Kartoffeln

- ¾ - Tasse gewürfelte und gekochte Möhren

- 1 - Knoblauchzehe

- 1 - Esslöffel Öl

- Zerstoßener Pfeffer nach Geschmack

- 3 - Tassen natriumarme Hühnerbrühe

- Gehackte Petersilie zum Garnieren

- 1 - Lorbeerblatt

- ¼ - Teelöffel gemahlener Kreuzkümmel

Wegbeschreibung:

1. Schneiden Sie den Lauch ab und entfernen Sie einen Teil der groben, unreifen Teile, zerkleinern Sie ihn zart und spülen Sie ihn im Ganzen in Viruswasser. Richtig kanalisieren. Erhitzen Sie das Öl in einem Topf mit großem Durchmesser. Geben Sie den Lauch und den

Knoblauch hinein und braten Sie ihn bei schwacher Hitze zwei bis drei Minuten an, bis er empfindlich ist.

2. Fügen Sie das Inventar, das Einlaufblatt, den Kreuzkümmel und den Pfeffer hinzu. Erhitzen Sie die Mischung unter ständigem Rühren. Die blubbernden Kartoffeln und Karotten hinzugeben und 10-15 Minuten schmoren lassen. Die Würze ändern, das Einlaufblatt entfernen und großzügig mit gehackter Petersilie bestreut servieren.

3. Um eine pürierte Suppe herzustellen, verarbeiten Sie die Suppe in einem Mixer oder einer Küchenmaschine, bis sie glatt ist. Fügen Sie ½ Feld Milch hinzu. Zum Sprudeln bringen und 2-3 Minuten köcheln lassen

Ernährung: 315 Kalorien 8g Fett 15g Eiweiß

41. Paprika-Suppe

Zubereitungszeit: 30 Minuten

Zubereitungszeit: 35 Minuten

Portionen: 4

Zutaten:

- 4 - Tassen natriumarme Hühnerbrühe
- 3 - rote Paprika
- 2 - mittlere Zwiebeln
- 3 - Esslöffel Zitronensaft
- 1 - Esslöffel fein gehackte Zitronenschale
- Eine Prise Cayenne-Pfeffer
- ¼ - Teelöffel Zimt
- ½ - Tasse fein gehackter frischer Koriander

Wegbeschreibung:

1. In einem mittelgroßen Suppentopf alle Zutaten bis auf den Koriander vereinen und bis zum Siedepunkt bei zu warmer Temperatur erhitzen.

2. Die Wärme reduzieren und ca. 30 Minuten bei geschlossenem Deckel schmoren, bis sie eindickt. Etwas abkühlen lassen. Pürieren Sie die Suppe mit einem Stabmixer oder einer Küchenmaschine. Den Koriander hinzufügen und sanft erhitzen.

Ernährung: 265 Kalorien 8g Fett 5g Eiweiß

42. <u>Yucatan-Suppe</u>

Zubereitungszeit: 10 Minuten

Kochzeit: 20 Minuten

Portionen: 4

Zutaten:

- ½ Tasse Zwiebel, gehackt
- 8 Zehen Knoblauch, gehackt
- 2 Serrano-Chili-Schoten, gehackt
- 1 mittelgroße Tomate, gewürfelt
- 1 ½ Tassen Hähnchenbrust, gekocht, zerkleinert
- 2 6-Zoll-Maistortillas, in Scheiben geschnitten
- 1 Esslöffel Olivenöl
- 4 Tassen Hühnerbrühe
- 1 Lorbeerblatt
- ¼ Tasse Limettensaft
- ¼ Tasse Koriander, gehackt
- 1 Teelöffel schwarzer Pfeffer

Wegbeschreibung:

1. Verteilen Sie die Maistortillas auf einem Backblech und backen Sie sie 3 Minuten lang bei 400ºF. Stellen Sie

einen ausreichend großen Topf auf mittlere Hitze und fügen Sie Öl hinzu, um es zu erhitzen.

2. Chilischoten, Knoblauch und Zwiebel hinzugeben und anbraten, bis sie weich sind. Brühe, Tomaten, Lorbeerblatt und Huhn einrühren.

3. Lassen Sie diese Hühnersuppe 10 Minuten lang auf kleiner Flamme köcheln. Koriander, Limettensaft und schwarzen Pfeffer einrühren. Mit gebackenen Maistortillas garnieren. Servieren.

Ernährung: 215 Kalorien 21g Eiweiß 32g Fett

FLEISCHREZEPTE

43. Rindfleisch-Mais-Chili

Zubereitungszeit: 8-10 Minuten

Kochzeit: 30 Minuten

Portionen: 8

Zutaten:

- 2 kleine Zwiebeln, gehackt (fein)
- ¼ Tasse Mais in Dosen
- 1 Esslöffel Öl
- 10 Unzen mageres Rinderhackfleisch
- 2 kleine Chilischoten, gewürfelt

Wegbeschreibung:

1. Schalten Sie den Instant Pot ein. Klicken Sie auf "SAUTE". Gießen Sie das Öl und rühren Sie die Zwiebeln, die Chilischote und das Rindfleisch ein; kochen Sie, bis sie glasig und weich sind. Gießen Sie die 3 Tassen Wasser in den Kochtopf; mischen Sie gut.

2. Verschließen Sie den Deckel. Wählen Sie "MEAT/STEW". Stellen Sie den Timer auf 20 Minuten ein. Lassen Sie das Fleisch garen, bis der Timer auf Null geht.

3. Klicken Sie auf "CANCEL" und dann auf "NPR" für einen natürlichen Druckablass für ca. 8-10 Minuten. Öffnen Sie dann das Gericht und stellen Sie es auf Servierplatten. Servieren.

Ernährung 94 Kalorien 5g Fett 2g Kohlenhydrate 7g Eiweiß

44. Balsamico-Rindfleisch-Gericht

Zubereitungszeit: 5 Minuten

Zubereitungszeit: 55 Minuten

Portionen: 8

Zutaten:

- 3 Pfund Chuck Braten
- 3 Knoblauchzehen, in dünne Scheiben geschnitten
- 1 Esslöffel Öl
- 1 Teelöffel gewürzter Essig
- ½ Teelöffel Pfeffer
- ½ Teelöffel Rosmarin
- 1 Esslöffel Butter
- ½ Teelöffel Thymian
- ¼ Tasse Balsamico-Essig
- 1 Tasse Rinderbrühe

Wegbeschreibung:

1. Schneiden Sie die Schlitze in den Braten und füllen Sie die Knoblauchscheiben rundherum ein. Gewürzessig, Rosmarin, Pfeffer und Thymian verrühren und den Braten damit einreiben. Den Topf auf Sautiermodus stellen und Öl einrühren, Öl heiß werden lassen. Beide Seiten des Bratens anbraten.
2. Herausnehmen und beiseite stellen. Rühren Sie Butter, Brühe und Balsamico-Essig ein und löschen Sie den

Topf ab. Den Braten zurückgeben und den Deckel schließen, dann 40 Minuten auf Hochdruck kochen.

3. Führen Sie eine schnelle Freigabe durch. Servieren!

Ernährung 393 Kalorien 15g Fett 25g Kohlenhydrate 37g Eiweiß

45. Sojasaucen-Rindsbraten

Zubereitungszeit: 8 Minuten

Zubereitungszeit: 35 Minuten

Portionen: 2-3

Zutaten:

- ½ Teelöffel Rinderbrühe
- 1 ½ Teelöffel Rosmarin
- ½ Teelöffel gehackter Knoblauch
- 2 Pfund Roastbeef
- 1/3 Tasse Sojasauce

Wegbeschreibung:

1. Kombinieren Sie die Sojasauce, die Brühe, den Rosmarin und den Knoblauch in einer Rührschüssel.
2. Schalten Sie Ihren Instant-Topf ein. Legen Sie den Braten hinein, und gießen Sie so viel Wasser, dass der Braten bedeckt ist; rühren Sie vorsichtig um, um ihn gut zu vermischen. Verschließen Sie ihn fest.
3. Klicken Sie auf die Garfunktion "FLEISCH/ SCHWEIN"; stellen Sie die Druckstufe auf "HOCH" und die Garzeit auf 35 Minuten ein. Lassen Sie den Druck aufbauen, um die Zutaten zu garen. Wenn Sie fertig sind, klicken Sie auf die Einstellung "CANCEL" und dann auf die Funktion "NPR", um den Druck auf natürliche Weise abzulassen.

4. Öffnen Sie nach und nach den Deckel, und zerkleinern Sie das Fleisch. Mischen Sie das zerkleinerte Fleisch wieder in die Topfmischung und rühren Sie gut um. In Serviergefäße umfüllen. Warm servieren.

Ernährung 423 Kalorien 14g Fett 12g Kohlenhydrate 21g Eiweiß

46. Rosmarin-Rindfleisch-Fleischbraten

Zubereitungszeit: 5 Minuten

Kochzeit: 45 Minuten

Portionen: 5-6

Zutaten:

- 3 Pfund Chuck-Rindsbraten
- 3 Knoblauchzehen
- ¼ Tasse Balsamico-Essig
- 1 Zweig frischer Rosmarin
- 1 Zweig frischer Thymian
- 1 Tasse Wasser
- 1 Esslöffel Pflanzenöl
- Salz und Pfeffer nach Geschmack

Wegbeschreibung:

1. Schneiden Sie den Rinderbraten in Scheiben und legen Sie die Knoblauchzehen hinein. Reiben Sie den Braten mit den Kräutern, schwarzem Pfeffer und Salz ein. Heizen Sie Ihren Instant-Topf mit der Sauté-Einstellung vor und geben Sie das Öl hinein. Wenn es warm ist, den Rinderbraten hineingeben und unter Rühren anbraten, bis er von allen Seiten gebräunt ist. Fügen Sie die restlichen Zutaten hinzu; rühren Sie vorsichtig um.

2. Verschließen Sie dicht und kochen Sie 40 Minuten lang auf hoher Stufe mit manueller Einstellung. Lassen Sie den Druck auf natürliche Weise ab, etwa 10 Minuten. Den Deckel abnehmen und den Rinderbraten auf die

Servierplatten legen, in Scheiben schneiden und servieren.

Nährwert 542 Kalorien 11,2g Fett 8,7g Kohlenhydrate

55,2g Eiweiß

DESSERT-REZEPTE

47. Bananen Foster

Zubereitungszeit: 5 Minuten

Kochzeit: 6 Minuten

Portionen: 4

Inhaltsstoffe

- 2/3 Tasse dunkelbrauner Zucker
- 1/4 Tasse Butter
- 3 1/2 Esslöffel Rum
- 1 1/2 Teelöffel Vanilleextrakt
- 1/2 Teelöffel gemahlener Zimt
- 3 Bananen, geschält und längs und breit geschnitten
- 1/4 Tasse grob gehackte Nüsse
- Vanilleeis

Richtung

1. Die Butter in einer Bratpfanne bei mittlerer Hitze schmelzen. Zucker, Rum, Vanille und Zimt einrühren.

2. Wenn die Mischung zu blubbern beginnt, geben Sie die Bananen und Nüsse in die Pfanne. Backen, bis die Bananen heiß sind, 1 bis 2 Minuten. Sofort mit Vanilleeis servieren.

Ernährung: 534 Kalorien 23,8g Fett 4,6g Eiweiß

48. Cranberry-Orangen-Kekse

Zubereitungszeit: 20 Minuten

Kochzeit: 16 Minuten

Portionen: 24

Inhaltsstoffe

- 1 Tasse weiche Butter
- 1 Tasse weißer Zucker
- 1/2 Tasse brauner Zucker
- 1 Ei
- 1 Teelöffel geriebene Orangenschale
- 2 Esslöffel Orangensaft
- 2 1/2 Tassen Mehl
- 1/2 Teelöffel Backpulver
- 1/2 Teelöffel Salz
- 2 Tassen gehackte Preiselbeeren
- 1/2 Tasse gehackte Walnüsse (optional)

Zuckerguss:

- 1/2 Teelöffel geriebene Orangenschale
- 3 Esslöffel Orangensaft
- 1 ½ Tasse Puderzucker

Richtung

1. Heizen Sie den Ofen auf 190 ° C vor.

2. Mischen Sie Butter, weißen Zucker und braunen Zucker. Das Ei schlagen, bis alles gut vermischt ist. 1 Teelöffel Orangenschale und 2 Esslöffel Orangensaft mischen. Mischen Sie die

3. Mehl, Backpulver und Salz; unter die Orangenmischung rühren.

4. Mischen Sie die Cranberries und, falls verwendet, die Nüsse, bis sie gut verteilt sind. Legen Sie den Teig mit einem Löffel auf ungefettete Backbleche.

5. Im vorgeheizten Backofen 12 bis 14 Minuten backen. Auf Gestellen abkühlen lassen.

6. Mischen Sie die Zutaten für die Glasur in einer kleinen Schüssel. Über die abgekühlten Kekse streichen.

Ernährung: 110 Kalorien 4,8 g Fett 1,1 g Eiweiß

49. Key Lime Pie

Zubereitungszeit: 15 Minuten

Kochzeit: 8 Minuten

Portionen: 8

Inhaltsstoffe

- 1 (9-Zoll) vorbereitete Graham-Cracker-Kruste

- 3 Tassen gezuckerte Kondensmilch

- 1/2 Tasse saure Sahne

- 3/4 Tasse Limettensaft

- 1 Esslöffel geriebene Limettenschale

Richtung

1. Backofen auf 175 ° C vorbereiten

2. Kombinieren Sie die Kondensmilch, die saure Sahne, den Limettensaft und die Limettenschale in einer mittelgroßen Schüssel. Gut mischen und in die Graham-Cracker-Kruste geben.

3. Im vorgeheizten Backofen 5 bis 8 Minuten backen

4. Kühlen Sie den Kuchen vor dem Servieren gut ab. Nach Belieben mit Limettenscheiben und Schlagsahne dekorieren.

Ernährung: 553 Kalorien 20,5g Fett 10,9g Eiweiß

50. Rhabarber-Erdbeer-Crunch

Zubereitungszeit: 15 Minuten

Kochzeit: 45 Minuten

Portionen: 18

Inhaltsstoffe

- 1 Tasse weißer Zucker

- 3 Esslöffel Allzweckmehl

- 3 Tassen frische Erdbeeren, in Scheiben geschnitten

- 3 Tassen Rhabarber, in Würfel geschnitten

- 1 1/2 Tasse Mehl

- 1 Tasse verpackter brauner Zucker

- 1 Tasse Butter

- 1 Tasse Haferflocken

Richtung

1. Heizen Sie den Ofen auf 190 ° C vor.

2. Vermengen Sie weißen Zucker, 3 Esslöffel Mehl, Erdbeeren und Rhabarber in einer großen Schüssel. Geben Sie die Mischung in eine 9 x 13-Zoll-Backform.

3. Mischen Sie 1 1/2 Tassen Mehl, braunen Zucker, Butter und Haferflocken, bis Sie eine krümelige Textur erhalten. Sie können dafür einen Mixer verwenden.

Zerbröseln Sie die Mischung aus Rhabarber und Erdbeeren.

4. Backen Sie für 45 Minuten.

Ernährung: 253 Kalorien 10,8g Fett 2,3g Eiweiß

SCHLUSSFOLGERUNG

Die Mittelmeerdiät ist keine gewöhnliche Diät, sondern eine Ernährungsweise, die sich auf frische, vollwertige Lebensmittel konzentriert. Es geht nicht darum, sich einzuschränken oder ganze Lebensmittelgruppen wegzulassen, sondern frische, saisonale Produkte, Vollkornprodukte, Nüsse und Samen sowie gesunde Fette zu essen - und verarbeitete Lebensmittel und raffinierten Zucker wegzulassen. Es gibt verschiedene Untersuchungen zur Mittelmeerdiät und es hat sich gezeigt, dass sie das Risiko von Herzerkrankungen, Typ-2-Diabetes und Alzheimer reduziert. Menschen, die die Mittelmeer-Diät befolgen, neigen dazu, mehr Obst, Gemüse, Vollkornprodukte, Nüsse, Samen, Hülsenfrüchte, Olivenöl und Kräuter und Gewürze zu essen. Eine mediterrane Ernährung wird oft mit einem gesunden Lebensstil in Verbindung gebracht und wurde mit einem geringeren Risiko für Herzkrankheiten, Krebs und Alzheimer in Verbindung gebracht. Diese Diät legt den Schwerpunkt auf Obst, Gemüse, Vollkornprodukte und gesunde Fette wie Olivenöl und schränkt rotes Fleisch, Geflügel, Süßigkeiten und Junk Food ein.

was Sie als nächstes tun sollten, ist, sich ein kleines Ziel zu setzen. Sie können zum Beispiel damit beginnen, morgens auf nüchternen Magen ein Glas natives Olivenöl extra zu trinken. Auf diese Weise werden Sie sich an den Geschmack gewöhnen. Sie sollten Ihr Ziel im Auge behalten und jedes

Mal, wenn Sie es erreichen, verfolgen, wie Sie sich dabei fühlen.

Wenn das alles im Moment zu viel für Sie ist, dann beginnen Sie einfach mit einer kleinen Änderung nach der anderen, bis Sie sich daran gewöhnt haben.

Solange Sie dies tun und sich an die einfachen Regeln einer mediterranen Diät halten, können Sie alle Vorteile erreichen, die sie bietet. Ein weiterer Vorteil dieser Diät ist, dass sie auf lange Sicht vollkommen nachhaltig ist, ganz zu schweigen davon, dass sie köstlich schmeckt und lecker ist.

Sobald Sie mit der Umsetzung der verschiedenen Protokolle dieser Diät beginnen, werden Sie eine positive Veränderung in Ihrer allgemeinen Gesundheit sehen. Stellen Sie sicher, dass Sie geduldig mit sich selbst sind und halten Sie sich an Ihre Diät, ohne Ausreden zu suchen.